MÉMOIRE

SUR

UN PROJET DE CONSTRUCTION

DE

MAISONS COMMUNES

OU NOUVELLES MAIRIES,

DANS LA VILLE DE PARIS,

PAR

MM. F. Rolland et P. Levicomte,

ARCHITECTES.

> Les architectes ne savent que me proposer
> des palais.—NAPOLÉON.

PARIS,

IMPRIMERIE D'HIPPOLYTE TILLIARD,
RUE DE LA HARPE, N° 88.

1853.

SERVICES D'ARRONDISSEMENT

RÉUNIS

DANS LA MAISON COMMUNE.

---

1. État civil . . . .
   - Bureaux de l'État civil.
   - Inhumations et cultes.

2. Justice . . . .
   - Justice de Paix.

3. Garde nationale . . . . .
   - État-major de la légion.
   - Poste de Garde nationale.

4. Police . . . .
   - Commissariat de Police.
   - Poste de Garde municipale.
   - Poste de Sapeurs-Pompiers.

5. Secours de Bienfaisance.
   - Bureau de Bienfaisance.
   - Service médical.
   - Chauffoir public.
   - Caisse d'Épargnes (succursale).

6. Éducation populaire . .
   - Cours d'Adultes et Ecole.
   - Bibliothèque populaire.
   - Exposition industrielle.

7. Voirie . . . .
   - Bureau de petite Voirie.
   - Dépôt des plans d'Alignement.

8. Services financiers . .
   - Grand bureau de Poste aux lettres.
   - Perception des Contributions directes.
   - Vérification des poids et mesures.
   - Caisse municipale (succursale).

9. Latrines publiques.
10. Logements.

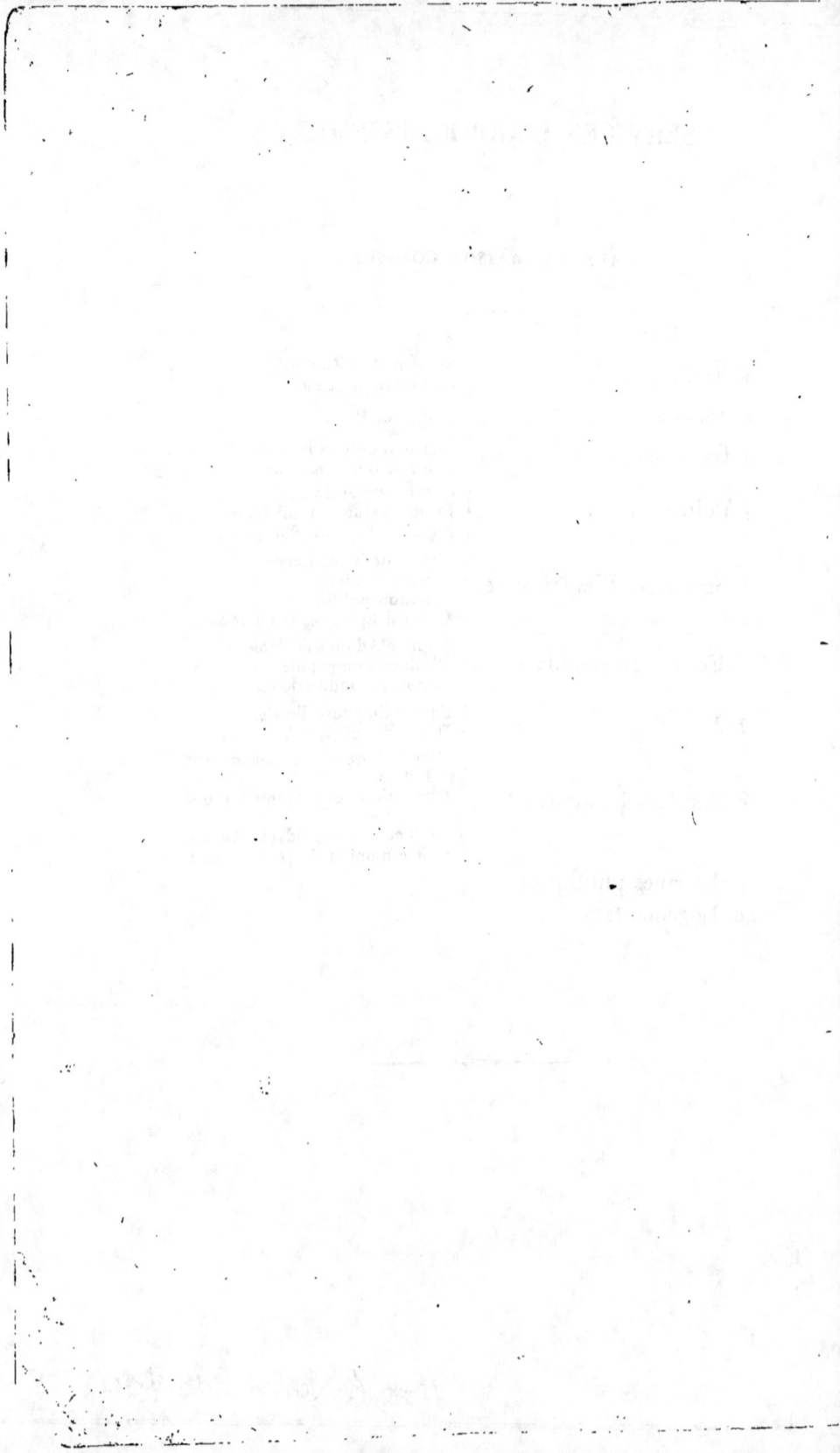

MÉMOIRE

SUR

UN PROJET DE CONSTRUCTION

DE

MAISONS COMMUNES.

CHAPITRE PREMIER.

MOTIFS DE CE PROJET.

En ce moment, un projet de loi sur la municipalité de la ville de Paris est soumis à l'examen des chambres. Paris, la commune d'exception, attend de la législature un système municipal plus conforme aux droits et aux besoins de sa population, et assis sur la même base que celui des autres communes de France.

Introduction du système électif et création d'un conseil particulier, chargé des intérêts purement locaux de la cité, dont le conseil général du département remplit aujourd'hui les fonctions; voilà sans doute sur quoi portera la réforme législative. Le projet de loi ne signale aucune autre dérogation à notre régime actuel.

A Paris, l'action municipale reste donc centralisée entre les mains du préfet de la Seine, chef de l'administration. Sous l'autorité de ce préfet, un maire et deux adjoints, dans chaque arrondissement, exercent les attributions que leur confèrent les lois et réglements. Quant au conseil municipal, dont la loi nouvelle doit consacrer l'existence, il est appelé à jouir des mêmes attributions que celles établies pour tous les autres conseils municipaux du royaume. En cet état, l'administration de notre cité se divise en deux branches distinctes : d'une part, l'administration financière et des objets matériels appartient exclusivement au préfet de la Seine ; d'autre part, toutes les fonctions municipales, qui peuvent s'exercer divisément et mettre l'administration en rapport immédiat avec les citoyens, sont dévolues aux maires des douze arrondissements.

A s'en référer à la théorie, ainsi se dessine aux regards notre système municipal ; le tableau change si l'on envisage l'application. Cette partie la plus importante de l'administration, déléguée par le préfet à douze magistrats indépendants les uns des autres, manque absolument aujourd'hui d'ordre et de centralisation. Chacun des arrondissements de Paris, qui n'est, à vrai dire, qu'un canton de la grande commune, a sa municipalité, sa justice de paix, sa police, spécialement attribuées à sa localité ; il réunit en lui-même les éléments organiques de toute administration municipale. Nulle part, cependant, on ne voit le siége de cette administration. Tel est l'isolement des différents services qui la composent, qu'il semblerait qu'ils ne concourent pas tous à un même résultat, qu'ils ne sont pas les membres essentiels d'un même corps. Cette confusion présente, à double titre, des inconvénients graves. Et d'abord, vis-à-vis de l'administration, elle divise la force de l'action municipale et altère ainsi la puissance de ses effets, tout en nécessitant des dépenses qu'épargnerait infailliblement une organisation mieux entendue. Ensuite, à l'égard des administrés, outre le dommage que leur cause l'inefficacité d'une administration non-coordonnée, ils sont, dans leurs relations avec elle, assujettis à des démarches sans nombre qu'occasione la dispersion des services.

Mais, envisagé sous un aspect purement moral, ce désordre a des conséquences plus funestes encore. Une cause intime de malaise est, selon nous, dans cet état de confusion et d'abandon des intérêts collectifs où vit indifférente la société parisienne; car ce sont des hommes vraiment malheureux que ceux qu'aucune puissance du lien natal, qu'aucune prédilection de localité, qu'aucun sentiment d'union sociale ne rattachent à un centre commun.

En effet, Paris, dont l'univers sait le nom, que l'Europe admire, que la France affectionne, tel qu'il est notre Paris est un lieu de séjour délicieux, mais ce n'est pas une patrie. Sans doute on y voit un château pour les rois; pour les pairs, un Luxembourg; pour les députés, une tribune; tout, pour la France politique. Paris a des églises, des temples, une synagogue, un Louvre, des académies, des bibliothèques, des collèges; car Paris est la métropole des religions, des sciences et des arts. Le

commerce y a son palais ; la justice, son vieux
temple ; le plaisir, ses théâtres, ses promenades :
tout enfin, dans Paris, hors la ville communale.
Point de monument qui appartienne, par destination originaire et spéciale, à la cité, marqué au
type d'une architecture appropriée aux usages,
aux besoins, aux convenances de ses habitants;
pas même à Paris, ce qu'on rencontre dans le
plus misérable village de France, la *Maison commune*.

Et cependant, à Paris, comme ailleurs, des maires
auxquels est confiée l'administration municipale de
la grande commune. Mais encore une fois, pas de
mairie qui ne soit la maison de personne et notre
maison à tous ; point d'édifice que chacun de nous
honore et protége comme le siége de sa communauté. Ce qu'on appelle mairie, au temps actuel,
c'est quelque maison bourgeoise dont la ville demeure locataire, jusqu'à contrainte de transférer
son domicile en d'autres lieux. Il est à remarquer
encore que la cupidité des propriétaires est plus
exigeante à l'égard de ces établissements, dont le
service actif fatigue les constructions impropres à
cette destination, qu'à l'égard de simples particu-
liers. On pourrait citer au besoin telle municipalité
de Paris, qui, réduite naguères à la discrétion
d'un spéculateur par l'impossibilité de trouver place
ailleurs, s'est vue forcée de souscrire aux plus dures
conditions.

Si cet exposé succinct de la situation physique
et morale de notre ville, sous le point de vue de son
organisation municipale, a le mérite de la vérité,

il est bien digne d'éveiller la sollicitude de tous les bons citoyens. Il est urgent de se demander si long-temps encore on laissera le mal sans remède, quand on a la conscience de sa cause; ou si l'on se rangera, sans contradiction, à l'avis de ceux qui le réputent incurable. Quant à nous, nous avons cherché dans notre art un secours contre le désordre qui afflige toute la société parisienne.

Comme nous l'avons dit, le système municipal de notre cité s'est présenté à nos regards confus et impuissant, moins critiquable encore par les lois de son institution, que par son organisation matérielle. Notre confiance dans le civisme de nos représentants nous donne l'espoir qu'une vie plus libérale viendra bientôt le ranimer et lui prêter une nouvelle énergie. Mais à quoi bon, si les ressorts demeurent inactifs ou isolés dans leur jeu?

Ce qui importe donc présentement, c'est de concentrer au sein de l'administration municipale tous ses principes d'action, de lui ouvrir les voies où elle doit marcher sans encombre, de rassembler autour d'elle toutes les ressources dont elle a besoin pour protéger et servir les intérêts des citoyens. Mais tout ne peut se faire par elle-même; le concours dévoué de ses administrés lui est indispensable. Que le citoyen se rapproche donc aussi de son magistrat, et qu'ils se deviennent familiers l'un à l'autre, pour s'entr'aider mutuellement, puisque leur but est le même, le plus de bien-être possible pour chacun, d'où découle la prospérité générale! Qu'enfin le lien de l'intérêt, le plus indissoluble de tous, les attache et les soutienne ; leur union les rendra puissants contre les tentatives coupables, soit du corps politique, soit du corps social ! Pour arriver à cette fin, une condition unique, mais capitale, se présente à satisfaire, celle d'un centre de communauté où tout aboutisse et d'où émanent tous les effets de l'action municipale; en un mot, unité de pouvoir dans les différents cercles d'attributions.

Un décret de la Convention, du 19 vendémiaire an IV (11 octobre 1795), a divisé la ville de Paris en douze municipalités ou mairies, et chacune de ces municipalités en quatre quartiers. Cette répartition, qui substituait au régime des quarante-huit sections un système d'administration simplifié, ou seulement peut-être plus collectif, nous régit encore aujourd'hui. Depuis cette époque, cependant, on sait quel accroissement progressif de population et d'étendue s'est opéré dans Paris. Quant au chiffre de la population, que trois ans plus tard, en 1798, nous trouvons de 640,504 habitans, il s'est élevé successivement jusqu'à 890,000, en 1826; puis, il retombe, en 1831, à 770,000. Pour comprendre combien, depuis trente-sept ans, Paris a reculé ses barrières et vu son territoire se couvrir de constructions, il suffit de connaître l'état récent de sa population et son apogée en 1826.

C'est une question agitée, de nos jours, entre des hommes entendus, que celle de savoir si la division de la ville en douze arrondissements lui assure la possibilité d'une bonne administration. Mais si la solution de cette question, qu'il serait imprudent de livrer à la hâte, n'est point ici de notre compétence, une autre question en ressort, qui appartient à notre sujet : elle est relative à la circonscription territoriale des arrondissements.

Pour résoudre cette question, nous ne ferons pas usage de paroles, mais de lignes et de chiffres, et nous renvoyons à consulter le plan de Paris et le tableau que nous annexons à la suite de ce mémoire. Après examen, on concevra aisément la nécessité d'une toute autre circonscription des divers arrondissements de Paris, nécessité déjà comprise, sans doute, de la haute administration de cette ville. Nous accompagnerons cette remarque, que nous jetons en passant, des souhaits les plus ardents pour qu'une nouvelle distribution ne soit pas longtemps attendue.

Prenant donc le nombre et la circonscription territoriale des arrondissements tels qu'ils existent aujourd'hui, nous avons mis nos soins et nos efforts à réunir dans un seul édifice, que nous appelons *Maison commune*, tous les services épars qui composent l'administration municipale. En présence de l'état actuel de nos droits et de nos besoins, l'adjonction de quelques nouveaux services nous a semblé indispensable, et nous croyons avoir satisfait, sous ce rapport, à une nécessité impérieuse de l'époque. C'est ainsi, par exemple, que nous avons placé dans le bâtiment municipal la Police, l'Éducation populaire, la Voirie, et plusieurs autres services dont il nous arrivera de parler à la partie descriptive. Loin de nous cependant la prétention de détacher ces diverses attributions de l'autorité administrative qui les tient présentement, et de les soumettre à tout autre contrôle que la surveillance morale du maire sur toutes les parties de l'établissement ; car nous avons respecté jusqu'aux défauts de nos institutions en vigueur, nous contentant de les dénoncer et de faire des vœux pour leur réformation.

Tout notre projet peut se résumer en deux mots : complément et adjonction essentielle. Le premier s'applique à l'état matériel et présent de l'administration municipale, dont nous avons voulu compléter les services, en comblant les lacunes qui les laissent en souffrance. Le second désigne ces innovations que nos intérêts et notre civilisation actuelle réclamaient instamment et que nous n'avons point hésité à introduire. On pourrait innover davantage, nous n'en doutons pas ; mais il fallait s'arrêter, et nous nous sommes arrêtés là où cessaient, à nos yeux, l'urgence et l'opportunité.

Outre les avantages généraux que cette concentration garantit, avantages dont l'étendue est incalculable, il nous en resterait d'autres encore à signaler, qui ne méritent pas moins d'être pris en considération. Ces avantages sont d'une nature si évidente que nous n'avons aucun doute qu'ils n'aient été, dès l'abord, saisis par nos lecteurs. L'administration est engagée dans des correspondances fort longues qui retardent l'expédition des affaires, que des communications verbales et personnelles accéléreraient beaucoup, autant à son profit qu'à celui des administrés assujettis à des courses continuelles par la dispersion des services. Cette réforme aurait donc pour effet de simplifier les rouages de l'administration et de la dégager des entraves qui gênent son action. De là résulterait en outre, pour les administrés, économie de temps, puisqu'ils pourraient donner à leur profession les heures qu'il leur faut perdre dans le trajet d'un service à l'autre. C'est assez dire qu'il y aurait encore pour eux économie d'argent.

Les travaux les plus urgents à entreprendre, pendant la dernière campagne, et ceux qui méritaient davantage la sollicitude de l'administration, devaient, sans contredit, avoir pour but l'assainissement de Paris. A cet effet, on vient d'exécuter sur un grand nombre de points une reconstruction générale d'égoûts; mesure qui n'aura d'efficacité complète qu'en appliquant aux maisons de Paris un mode d'écoulement souterrain pour les eaux ménagères, ainsi qu'on l'a fait à Londres sous le nom de dégorgeoirs. On doit tenir compte cependant à l'administration d'avoir compris que son devoir était de nourrir les classes laborieuses par des travaux d'utilité publique, sans manquer de servir les intérêts des contribuables.

Mais l'insalubrité de Paris ne provient pas seulement du défaut d'écoulement de ses eaux, et, ce vice une fois corrigé, il n'aura encore été obtenu qu'un résultat imparfait. L'entassement et la hauteur des maisons, la strangulation des rues, fermées au libre accès de l'air et de la lumière, ne sont pas des causes moins fatales d'insalubrité. Vienne le rapport officiel de la commission statistique du choléra, et sera confirmé ce que l'on sait déjà, que le fléau a été plus destructeur dans les quartiers les plus obstrués. Élargir les rues, ouvrir des places, augmenter la distribution des eaux, voilà encore des moyens infaillibles d'assainissement, qui garantissent à la population ouvrière cette force du corps qui lui vaut son pain, et à la France industrielle, sa richesse.

Or, c'est au milieu d'une place située, autant que possible, au centre de chaque arrondissement et de sa population, que nous jetons les fondations de notre Maison commune (1). Cette place, garnie de bornes-fontaines, serait plantée d'arbres peu élevés, tels que l'acacia ou le tilleul, et Paris aurait enfin ses *squares*. Ces massifs de verdure, qui reposeraient l'œil de la blancheur monotone des édifices, offriraient, pendant l'été, un abri contre les chaleurs, et en toute saison, une promenade agréable. Sous le rapport de la salubrité, ces arbres auraient encore, par leur puissance d'absorption, une influence propice sur les miasmes morbifiques, tout en expirant le gaz vivifiant. Aussi est-il à regretter qu'on n'ait pas encore fait à Paris une application plus générale de cette mesure salutaire,

---

(1) Dans le projet exposé au Louvre, sous le n° 2694, nous avons choisi pour l'application, le terrain dit de *Belle-Chasse*. Ce terrain compris entre les rues de Grenelle et Saint-Dominique, au centre du dixième arrondissement, offre, par son heureuse disposition, tous les avantages désirables pour l'établissement d'une Maison commune. Il resterait à souhaiter qu'on pût enrichir d'un puits artésien sa place, dont la forme est déjà arrêtée par les alignements, et qui deviendrait place de la Maison commune.

qu'il serait possible de réaliser, à peu de frais, aux abords des quartiers les plus malsains.

Il est inutile de faire remarquer combien cette centralisation serait favorable au commerce et surtout à cette portion du commerce qu'alimente la classe ouvrière. On le verrait bientôt s'animer d'une grande activité aux environs de la Maison commune, où un nombreux concours d'individus serait continuellement appelé, soit par leurs affaires, soit par l'agrément de la promenade qu'offrirait un terrain ombragé d'arbres et sablé.

CHAPITRE II.

DESCRIPTION

EXTÉRIEURE ET INTÉRIEURE.

(Voir les planches à la fin).

Chaque siècle a imprimé aux arts, et particulièrement à l'architecture, le cachet de son caractère propre; notre siècle tout positif doit aussi lui laisser son empreinte. Le rapide développement que l'industrie a pris en France depuis quelque temps, paraît entraîner cet art dans une route nouvelle, voie de progrès sans doute, mais où l'art ne peut marcher glorieusement sans le secours de la science. A l'époque où nous vivons, il ne s'agit pas seulement que la chose soit belle et grande, il faut encore qu'elle soit utile et à bon marché ; ainsi le veulent nos institutions et nos besoins. L'architecte de nos jours doit, selon le vœu de Vitruve, être tout à la fois artiste et savant. Avec la science qui dirige la pensée, interroge les spécialités et en comprend les exigences, il saura faire ; avec l'art qui suggère l'invention des formes, révèle le goût des détails et l'harmonie des masses, il fera bien. Nous ne doutons pas que de cette union ne résulte un mieux véritable ; l'architecte consciencieux ne pouvant plus désormais appliquer un style ou une forme à l'exclusion de tous autres, sans une préference raisonnée. Ce qu'on doit demander à un monument, c'est qu'il y ait en lui agrément et convenance. Peu importe les éléments qui le composent, si l'ensemble satisfait, si les dispositions sont en accord avec le climat et les usages de celui qui doit l'habiter.

Jusqu'ici, notre architecture, il faut bien en convenir, a été toute de tradition. Partout des édifices de même physionomie; nulle part un monument d'actualité qui accuse sa destination et le temps de sa naissance. Cette choquante réalité, cause future et inévitable de confusion et d'anachronisme dans l'histoire de l'art, est, à juste titre, imputable à cette prédilection de longue date qu'on a trop aveuglément professée pour l'architecture antique. Loin de nous toutefois l'intention de répudier les beautés de la Grèce et de Rome, admirables surtout par la propriété de leur rapport avec les hommes et le climat, mais utiles seulement comme objet d'étude comparative; car cette étude, appliquée à la généralité des arts et à tous les styles, deviendra pour nous le principe d'un art national et actuel.

Jetée au milieu de notre époque transitoire, l'architecture exige, dans son exécution matérielle, économie et simplicité, puisqu'elle est destinée à suivre la marche variable de nos institutions et de nos mœurs. Notre projet a subi l'influence de cette nécessité. Dans de grandes lignes de construction solides viennent se placer toutes nos distributions intérieures. Si leur arrangement simple, que nous croyons facile, n'a rien d'*académique*, il permet d'introduire à peu de frais tous les changements que de nouveaux besoins solliciteraient. Il n'est

pas douteux en effet qu'à l'égard de plusieurs établissements publics, l'administration n'ait jusqu'à
ce jour reculé devant des améliorations urgentes,
par la crainte que le déplacement de grosses constructions n'entraînât dans des dépenses incalcu-
lables. Cette prudence ne saurait être blâmée.

La disposition de notre plan donne à chacun des
services de la Maison commune une entrée particulière tant sur la cour que sur la rue, double issue
indispensable pour empêcher tout encombrement
dans l'intérieur. Les dépendances de chaque service sont rassemblées autour du chef qui les dirige;
de telle sorte que si la localité rendait impossible
leur réunion aussi complète que nous la concevons,
un ou plusieurs services pourraient être détachés,
sans que pour cela la corrélation des autres en
souffrît.

Dans l'aspect de la façade, nous avons évité celui
d'une maison particulière : chaque étage a un caractère distinct et qui nous semble en harmonie avec les
convenances intérieures. Ainsi, le rez-de-chaussée
ne présentant sur la rue que des pièces de service
qui doivent être à l'abri de toute atteinte extérieure,
est éclairé par des fenêtres haut-percées; le premier
étage, qui est la partie publique et la plus fré-
quentée de l'établissement, reçoit la lumière de
hautes et larges fenêtres; le second étage, réservé
aux logements, est moins ouvert que le premier.
Le beffroi, qui s'élève au-dessus du bâtiment, con-
tient l'horloge dont le cadran serait éclairé pendant
la nuit, la sonnerie et une cloche d'alarme. La
plate-forme, qui le couronne, pourrait servir à la

surveillance nocturne; car si nous n'avons pas de *watchman,* ayons au moins un homme qui veille, pendant notre sommeil, pour la sécurité publique.

Par principe d'économie, nous avons adopté le zinc pour couverture. Cette toiture métallique est deux fois et demie plus légère que celle en ardoises, et douze fois plus que celle en tuiles. En permettant une moins grande pente et des bois moins forts, elle procure une économie d'un tiers environ dans les frais de son établissement, comparativement à la tuile et à l'ardoise. Outre cela, l'expérience a prouvé que la patine (oxyde) dont ce métal se recouvre à sa surface, le rend inaltérable par son adhérence, et que le reproche qu'on lui fait de s'enflammer avec déflagration, lors d'incendie, n'est aucunement fondé.

Afin d'avoir plus de hauteur dans la salle de cours, destinée à l'éducation populaire, nous n'y avons pas établi de plancher haut. La charpente du comble y est apparente et couverte également en zinc. Mais peut-être objectera-t-on que le peu d'épaisseur de ce métal et des voliges du plafond auraient deux inconvénients: l'un, de faire la salle très froide en hiver et très chaude en été; l'autre, de produire, en cas de pluie violente ou de grêle, un retentissement capable de couvrir la voix du professeur. On y remédierait en remplissant l'espace réservé entre les planches et le métal, par une couche de vieux tan, ou toute autre substance légère et non conductrice.

Ce qui manque aujourd'hui dans nos mairies, c'est un asile commun où toutes les personnes, que leurs affaires y appellent ou aux environs, puissent s'entretenir à l'aise et à l'abri. Mais en y réfléchissant, on reconnaît qu'une salle, qui devrait être assez spacieuse pour recevoir, en certaines circonstances, un nombreux concours de citoyens, serait trop vaste pour les besoins de chaque jour. En destiner une exclusivement à cet usage, ce serait donc trop faire, suivant nous.

Notre cour nous paraît préférable. Les galeries, qui l'entourent, facilitent les moyens de circulation nécessaires à un établissement fréquenté. On pourrait même, aux époques les plus rigoureuses de l'hiver, les clore d'un vitrage et rendre ainsi leur séjour très supportable. Sans contredit, ce système mérite la préférence sur des corridors, éclairés par de petites fenêtres, que l'absence d'air et de lumière rendent toujours humides et malsains. De plus, à l'avantage de répandre au centre du bâtiment de l'air et de la lumière, d'offrir un refuge contre l'intempérie des saisons, un promenoir et des bancs, ajoutons l'avantage de pouvoir transformer, au besoin, la cour en une salle couverte. Rien de plus facile et de plus prompt que de tendre au-dessus une toile fixée au moyen de cordages et moufles.

Et alors, selon la nécessité, un ou deux bataillons pourraient s'y concentrer, la garde nationale s'y exercer au maniement des armes, et les électeurs de toute espèce y voter. Là, sous les yeux du maire, souvent même sous sa présidence, les citoyens se réuniraient pour traiter des intérêts collectifs, sans que cette assemblée, qui partout ailleurs eût pu

devenir tumultueuse et contraire aux lois , doive
jamais sortir de l'ordre et de la légalité , dans le
sanctuaire de la Maison commune. Enfin , cette
cour où se seraient agitées de graves questions,
pourrait encore se parer de tout l'éclat d'une salle
de bal. Quel plus beau spectacle que de voir la foule
des citoyens réunis par l'ingénieuse pensée d'une
œuvre de charité ou la solennité d'une fête nationale !
Quelle idée plus touchante que de retrouver à la tête
de la famille le maire dont la présence n'a point
manqué à ses administrés aux jours de trouble
et de deuil !

ÉTAT CIVIL.

Les bureaux de l'état civil, qui occupent aujour-
d'hui la presque totalité des bâtiments de nos mairies, réclament évidemment une organisation de localité plus commode et mieux ordonnée. Il importe
de réunir en un seul faisceau, ces branches éparses
d'un service placé sous la direction d'un seul chef,
et de satisfaire en outre aux prescriptions récentes
de l'ordonnance royale qui vient d'y adjoindre un
bureau des inhumations. Le complément nécessaire
de cette dernière partie, est, à notre avis, un bureau des cultes pour les cérémonies funèbres.

Une centralisation telle que nous l'entendons ,
offrirait deux avantages positifs qui ont été déjà
mentionnés sous un point de vue général , savoir :
économie de temps , car les rapports des administrés et de l'administration , deviendraient

(marginalia: Bureaux de l'état civil. / Inhumations et cultes.)

plus faciles et plus brefs ; économie d'argent, car, à n'en pas douter, une distribution meilleure permettrait de supprimer quelque double emploi, nécessité actuellement par la nature des lieux. A cette fin, l'état civil sollicitait une amélioration que lui procure la distribution de notre plan.

JUSTICE.

Justice de Paix. Près du magistrat qui veille à l'état civil de nos personnes, siége le magistrat qui nous rend la justice. Le juge de paix, dont la mission est d'intervenir comme conciliateur ou comme juge dans nos moindres différends, est, autant que le maire, un homme toujours nécessaire. Néanmoins, à Paris, aucun indice extérieur ne signale sa demeure aux regards des citoyens ; aucune représentation ne leur annonce que là est un prétoire où la justice est rendue. Quelquefois une boutique abandonnée devient l'auditoire ; un comptoir le tribunal. Cette inconvenance n'est pas la seule. Au temps actuel, cinq justices de paix sont dans les bâtiments des mairies ; sept autres sont éparses plus ou moins loin dans l'arrondissement. Les relations entre le juge de paix et le maire sont fréquentes cependant, et cela sur-tout aujourd'hui que la loi sur la garde nationale appelle le juge de paix à la présidence du jury de révision. Une place est donc assignée, dans notre édifice, à la justice de paix de l'arrondissement. Désormais, sa situation devient connue à tous les citoyens ; sa représentation, plus digne et plus imposante.

GARDE NATIONALE.

L'exiguité et la disposition contraire des localités ne permettent pas, dans plusieurs arrondissements, de réunir à la mairie l'état-major de la légion. De là, nécessité de louer des salles quelquefois éloignées et à un prix exorbitant. Outre cet excès de dépenses, la fréquence des rapports entre les officiers supérieurs et l'administration municipale, fait journellement sentir l'inconvénient de cette désunion. Aussi, dans la Maison commune un local est-il destiné à l'état-major, service que nous complétons en y joignant une salle propre, soit aux élections des officiers , soit aux piquets, soit à l'exercice des compagnies pendant la mauvaise saison , soit encore au ralliement des gardes nationaux en cas d'appel. L'auditoire de la justice de paix offrirait le soir un emplacement convenable à la session des conseils de discipline, de recensement, et du jury de révision.

Attenant à l'état major, est le poste occupé par les citoyens auxquels est confiée la garde de leur Maison commune.

État-major de la Légion.

Poste de Garde nationale.

POLICE.

Pour fortifier l'action du pouvoir municipal et régulariser ses mouvements, nous croyons indispensable d'en rapprocher un commissaire de police, sans qu'il soit pour cela nécessaire d'augmenter le nombre de ces officiers. Cette réunion, telle est notre espérance, réconcilierait enfin avec le peuple une magistrature honorable que poursuivent si fatalement les préventions de l'ignorance et l'expérience malheureuse du passé.

A cette considération viennent prêter une force nouvelle des considérations non moins puissantes qui appartiennent à notre époque. La souffrance des intérêts matériels, l'ignorance des masses qu'il est si facile de tromper, l'ambition et la cupidité des gens de parti, tout cela, conséquence infaillible d'une révolution politique, n'a que trop souvent jeté le trouble dans la cité. Aux jours d'alarme, la mairie est le rendez-vous des amis de l'ordre, comme elle est le point d'attaque des révoltés. Là, doivent se rencontrer tous les moyens d'action et de répression ; l'officier de police, aux côtés du magistrat municipal. Ensuite, le besoin que la demeure du commissaire de police soit connue de tous les citoyens qui sont exposés jour et nuit à requérir son assistance, est un besoin de tous les jours dont la prompte satisfaction importe à la sécurité de notre ville. Le commissaire de police du quartier trouve dans les bâtiments de notre Maison commune, ses bureaux et un logement pour lui et sa famille , ainsi que pour son secrétaire. (1)

Il nous semble convenable de placer près du bureau de police un poste de garde municipale , garde plus spécialement destinée à l'exécution répressive. Cela n'empêcherait pas que la police générale de l'arrondissement ne continuât à être partagée par la garde nationale, dont la conciliante intervention ne saurait être dédaignée. Inutile d'ajouter que nous n'entendons pas multiplier, outre mesure, les postes de garde municipale, mais seulement assigner une localité certaine et notoire à tel poste de cette arme qui se trouve en tel autre endroit du quartier.

Poste de Garde municipale.

Le grave inconvénient qui résulte de ce que la demeure du commissaire de police est inconnue de la plupart des habitants , se reproduit à l'égard des postes de sapeurs-pompiers : c'est cependant avec la dernière urgence qu'est toujours réclamé leur secours. Paris possède trente corps-de-garde de pompiers dont on ignore généralement la situation.

Poste de Sapeurs Pompiers.

---

(1) Un économiste distingué, dont Paris eût certainement apprécié l'heureuse administration , s'il se fût assis en des temps plus calmes sur le siége où l'éleva notre régénération politique, M. Saulnier avait projeté la construction de quarante-huit édifices, ou prétoires , destinés au logement des commissaires de police , de quelques agents subalternes,et à un corps de garde. Dans le cas où ce projet ingénieux devrait recevoir sa réalisation, il ne s'agirait plus que d'établir trente-six édifices de ce genre , puisque douze Maisons communes en offriraient déjà tous les avantages. (*Revue britannique*, nouvelle série , août 1831).

Il serait important d'ailleurs de réparer l'inégalité de leur distribution, inégalité funeste, et telle, que le huitième arrondissement, le plus vaste de tous, n'en compte qu'un seul, tandis que le dixième en a six. Or, nous réservons un emplacement propre à un corps-de-garde de pompiers et au dépôt de leurs pompes et ustensiles.

***

SECOURS DE BIENFAISANCE.

Bureau
de
Bienfaisance.

A Paris, les riches sont bienfaisants par ostentation, par imitation, par l'entraînement du plaisir quand la Charité inventive les attire aux bals ou aux concerts, enfin par sympathie du malheur. Et cependant pourquoi tant de malheureux (Voir le tableau à la fin)? parce que la ville est grande, et que ses libéralités ne suffisent pas à ses besoins. Mais puisque la bienfaisance ne peut accroître ses ressources, efforçons-nous de subvenir aux exigences de la misère par le système de dispensation le plus économique et le plus fructueux possible.

Les secours se distribuent en argent, ou du moins trop rarement en nature; faute grave à notre avis! La charité répandrait ses bienfaits sur une plus grande masse d'individus et avec plus d'efficacité, si elle adoptait un mode de répartition contraire; car nul doute qu'il n'y aurait un grand avantage à ne livrer aux indigents que des secours en nature. D'une part, économie réelle d'acheter en gros et par adjudication, tous les objets que les pauvres

paient bien plus cher en détail ; d'autre part, plus
de garantie sur la qualité, le poids et la mesure des
fournitures. Puis il arrive souvent que les pauvres
ne font pas un sage emploi de l'argent qu'on leur
donne, et que ces hommes, affligés des privations
de tout genre, vont échanger le denier de l'aumône
contre la joie éphémère d'une sensation brutale.

Dans notre opinion, le moyen le plus certain de
remédier à tant d'inconvénients, serait, en centra-
lisant la distribution des secours, de lui imprimer
plus d'unité. Il est encore à désirer que la charité qui doit soulager toutes les peines, ne se borne
point à des secours purement physiques, et que le
nombre de ses commissaires soit suffisant pour porter les consolations de la morale et de la fraternité
au sein des familles indigentes.

Nous voudrions aussi que le bureau de bienfai- Service médical.
sance devînt un dépôt de secours de toute espèce,
et qu'on y adjoignît, par exemple, un service médical, où seraient délivrés aux malades, d'après
l'ordonnance du médecin des pauvres, les médicaments préparés par un pharmacien. Cette distribution, que ferait une main experte, présenterait
toute sûreté possible et une économie véritable,
si l'on compare la cherté des médicaments dans les
pharmacies avec la vileté du prix des substances
premières qui les composent. On conçoit, au reste,
que le traitement du pharmacien serait assez
modique, cette fonction pouvant être remplie par
un élève auquel ce poste servirait de degré pour
l'admission aux hôpitaux, vû qu'il serait en outre
logé près de son service.

Il serait bon d'y déposer une boîte de fumigation, et d'y établir une ambulance de deux lits pour les cas seulement où il y aurait péril dans la lenteur du transport à l'hospice. Aujourd'hui un citoyen tombe-t-il d'un mal subit sur la voie publique, il est déposé sur une borne ou sur le lit-de-camp d'un corps-de-garde, et attend, au milieu des plus cruelles souffrances, les premiers secours qu'on ne sait où trouver. C'est dans le même local, que le médecin des pauvres vaccinerait et donnerait ses consultations gratuites.

Chauffoir public. La nécessité d'ouvrir, pendant les rigueurs de l'hiver, des chauffoirs publics aux indigents que le froid tourmente, est une nécessité de l'époque, assez impérieuse pour qu'il y soit satisfait : mais, purement accidentelle et temporaire, elle ne saurait acquérir sans danger l'autorité de l'usage. On comprend, en effet, que tenir une salle à la disposition de tous, à toute heure du jour, ce serait souvent offrir un refuge à l'oisiveté et à la corruption, quelquefois même un point de réunion aux mal intentionnés. D'un autre côté, il est à craindre de refuser un asile contre la rigueur de la saison, aux femmes, aux vieillards et aux citoyens laborieux dont les travaux se trouvent interrompus. Toutefois, dans la conviction où nous sommes que le besoin des chauffoirs publics n'est que d'une urgence momentanée, nous ne destinons pas un local exclusivement à leur usage : la salle des piquets de la garde nationale qui se réunit fort rarement au cœur de l'hiver, pourrait servir, suivant l'occurrence, de chauffoir public.

Caisse d'Epargnes. Parmi les moyens de soulager les classes inférieures, il en est un encore dont la puissance est incontestable, celui de leur inspirer des habitudes d'ordre et d'économie qui amènent le mieux-être pour récompense. La caisse d'épargnes et de prévoyance, établie à Paris, aurait, en ce genre, la plus heureuse influence sur la condition de la population ouvrière, puisqu'en l'accoutumant à une sage prévision de l'avenir, elle la rendrait à la fois plus laborieuse et plus morale. Mais, ouverte seulement le dimanche à la banque de France, cette caisse n'est malheureusement pas assez connue du peuple; elle se populariserait, nous n'en doutons pas, en se multipliant et en venant, pour ainsi dire, au-devant de ses économies.

Il s'agirait donc de porter à la connaissance de tous, qu'il existe à Paris, près de la demeure de chacun, des caisses où sont reçues et fructifient les moindres épargnes. A cet effet, rien de plus facile que de fonder, dans chaque arrondissement de Paris, une succursale destinée à recevoir tous les jours les plus modestes épargnes, pour les transmettre à la caisse centrale qui resterait seule chargée des opérations relatives, soit au placement, soit à la restitution des fonds. On conçoit combien serait utile cette institution, complément essentiel des secours de bienfaisance, laquelle placée sous les yeux des administrateurs leur permettrait d'apprécier l'efficacité de leurs œuvres.

A cela n'est point uniquement intéressé le bien-être individuel du peuple, mais encore l'ordre social et le repos public. Lorsque l'ouvrage vient à manquer à ces hommes qui n'ont songé qu'aux besoins présents, ou que l'aumône de la veille a rendus insouciants du lendemain, ruse ou violence, tout leur est bon pour assouvir la faim qui les inquiète. Les épargnes du travail les préserveraient, eux et la société, des actes extrêmes de la misère.

Enfin, la disposition nouvelle des secours, telle que nous l'imaginons, rendrait la bienfaisance plus riche avec les mêmes ressources pécuniaires, et plus fertile en résultats; de plus, elle coopérerait activement, nous l'espérons, à l'extinction de la mendicité. Cette consolante pensée se présente pour dernier argument.

ÉDUCATION POPULAIRE.

Cours d'Adultes et École.

C'est une vérité sentie de tous les bons esprits, que si la charité doit soulager les misères instantes du peuple, l'éducation peut seule lui procurer un mieux-être réel. Ce principe s'appuie sur les prescriptions de la morale aussi bien que sur les calculs de la politique. L'éducation pour tous les citoyens, c'est-à-dire, pour tous, le développement de leurs facultés physiques, intellectuelles et morales, est donc l'œuvre qu'il s'agit de consommer de nos jours. Ainsi, chacun serait dirigé, au milieu du perfectionnement progressif de son corps et de son esprit, vers la destination la plus avantageuse à son bonheur privé, et par suite, à la prospérité du pays.

Mais, s'il est de toute nécessité de prendre les

hommes à leur naissance, afin de les guider à la place qu'ils doivent tenir, c'est une obligation non moins sacrée de les saisir à la position qu'ils occupent, pour leur apprendre à en supporter avec résignation les inconvénients, à en exploiter avec sagacité les avantages. En France, l'universalité d'éducation est loin d'être réalisée pour les enfants du peuple; elle est nulle, ou peu s'en faut, pour les adultes, qui végètent dans l'ignorance la plus grossière de leurs droits, de leurs devoirs, de leurs intérêts. On ne saurait se le dissimuler, cette situation n'est pas moins déplorable pour la minime partie des hommes instruits que pour l'immense majorité des gens qui ne savent rien. Dans l'intérêt de ces deux classes, il importe que les citoyens d'un même état soient initiés à l'intelligence des mêmes droits qu'ils ne peuvent exercer avant de les comprendre; que les membres d'un même corps social soient pénétrés des mêmes principes de religion, de tolérance et de morale; que les hommes d'un même travail, agricole ou industriel, soient aidés des mêmes lumières.

Ces réflexions, qui, auprès des citoyens éclairés et de quelques hauts fonctionnaires du gouvernement, ont acquis la force d'axiômes, s'appliquent à la nation entière, mais plus spécialement à la population parisienne. Elle a grand besoin de cette éducation qui répand le bien-être parmi les masses en corrigeant les vices de la débauche, de l'impiété, de la superstition, qui généralise les vrais principes d'hygiène, désabuse des préjugés, et défend les faibles contre les séductions des partis, jaloux de les entraîner incessamment dans le cercle fatal des agitations politiques. Mettre chaque citoyen en valeur, rapprocher les classes inférieures des classes supérieures de la cité, et détruire, autant que possible, par le niveau de l'éducation, les choquantes disparates qui les animent les unes contre les autres; voilà le but que tous les gens de bien doivent proposer à leurs efforts. Puis encore, il est urgent que, dans l'exercice des métiers, l'esprit de routine fasse place à la théorie raisonnée des connaissances modernes dont la pratique augmente l'aisance des ouvriers, tout en diminuant le travail de leurs bras.

Déjà quelques cours existent à Paris pour l'instruction gratuite des adultes, tant au Conservatoire des arts et métiers, que dans plusieurs locaux occupés par des associations philanthropiques. On doit rendre hommage au dévouement des bons citoyens qui se sont imposé et poursuivent avec désintéressement la mission d'améliorer, par cette voie, le sort de la classe la plus pauvre et la plus nombreuse. Mais l'existence de ces cours est plutôt une protestation en faveur du principe, un irrécusable témoignage de l'urgence de son application, qu'une satisfaction complète de ses exigences : l'intervention de la puissance municipale importe au succès. Le maire, en sa double qualité de délégué du pouvoir et de représentant de ses administrés, peut seul, à Paris, diriger efficacement l'éducation à la fois politique et sociale des enfants et des adultes de son arrondissement; à lui seul appartient l'accomplissement de ce grand devoir qui constitue, selon nous, la plus belle part de ses attributions. Aussi, avons-nous toute confiance en son civisme.

Dans notre Maison commune, une salle de cours est destinée à l'enseignement des adultes. Cette salle ne devant être occupée que le soir, on y tiendrait, pendant le jour, l'une des écoles de garçons de l'arrondissement. Outre l'avantage de ce double emploi, sous le rapport de l'économie, on sent quels heureux résultats produirait la réunion de l'instruction primaire et de l'instruction industrielle, sous la surveillance du même magistrat.

Mais un procédé d'enseignement purement oral ne suffirait peut-être pas pour l'instruction du peuple, qui gagnerait à rappeler et fixer dans son esprit, par le secours de la lecture, les leçons du professeur. Nous avons songé à la fondation d'une petite bibliothèque, composée de livres à la portée de son intelligence, traitant des matières les plus usuelles de l'industrie et du commerce. Cette bibliothèque populaire, qui ne serait ouverte que pendant les heures que la classe ouvrière consacre au repos, et les dimanches ou fêtes, lui offrirait un refuge contre l'ennui, souvent même contre la débauche.

Bibliothèque populaire.

A cette bibliothèque se rattacherait, pour opposer les exemples de la pratique aux préceptes de la théorie, une salle d'exposition permanente de produits industriels et d'inventions ou de perfectionnements mécaniques. Ce serait là un heureux moyen d'aviver l'émulation des artisans, et de les aider dans les travaux de leur profession, puisqu'ils

Exposition industrielle.

pourraient consulter, au besoin, les meilleurs modèles à suivre.

VOIRIE.

Bureau de petite Voirie.

L'arrêté des consuls, du 12 messidor an VIII, réunit, nous le savons, aux attributions du préfet de police la petite voirie que la loi du 24 août 1790 confie aux maires dans les villes autres que Paris. Mais nous savons aussi que la concentration de la haute direction de ces opérations dans les mêmes mains, est devenue une nécessité sentie de jour en jour, et quel conflit funeste résulte du partage de la voirie entre les deux magistrats supérieurs de la capitale. Or, le service de la petite voirie, une fois détaché de la préfecture de police, nous ne doutons pas qu'il ne doive être réparti dans les attributions des maires, sous la direction supérieure du préfet de la Seine. Alors, à Paris, comme partout ailleurs en France, la petite voirie serait exercée par l'autorité municipale.

Que si, au reste, elle continuait à relever du préfet de police, pour la haute direction, il n'en conviendrait pas moins d'en transférer les bureaux dans les mairies; car des événements récents nous ont appris quelle vigilance active et constante exige la salubrité d'une ville telle que la nôtre. Convaincus que l'autorité municipale doit seule exercer, par l'intermédiaire d'agents spéciaux, une surveillance restreinte à la circonscription de chaque arrondissement, nous n'avons point hésité à placer les bureaux de la petite voirie dans la Maison commune.

Une pièce serait en outre réservée à la communication des plans des rues, dont une ordonnance royale aurait arrêté les alignements. Il ne serait pas moins utile que dans ce bureau une statistique physique de l'arrondissement fût livrée aux recherches des habitants qui pourraient, avant de construire, se rendre compte de la nature et des accidents du sol, révélés par des procès-verbaux de fouille.

Dépôt des Plans d'alignement.

SERVICES FINANCIERS.

Le service de la poste aux lettres de Paris, se divise en neuf grands bureaux ; trois autres sont spécialement affectés au service de la maison du roi, de la Chambre des pairs et de la Chambre des députés. Plusieurs arrondissements sont donc privés d'un grand bureau de poste. Encore est-il à remarquer qu'aujourd'hui les neuf bureaux ne sont pas répartis dans autant d'arrondissements municipaux ; d'où il suit, par exemple, que les faubourgs, siége ordinaire de l'industrie, sont réduits à un moindre nombre de levées et de distributions journalières. A ce grave inconvénient, le remède est facile, et nous pensons qu'il serait opportun d'attribuer un grand bureau de poste à chacun des douze arrondissements de Paris, placé à l'endroit le plus central et le plus connu de tous les habitants. Le service se ferait indubitablement

Grand Bureau de Poste aux lettres.

3.

avec plus de promptitude, les facteurs n'ayant plus à parcourir des espaces aussi distants de leur point de départ.

Quant à la question d'argent, l'administration des postes, qui paie fort cher aujourd'hui la location de ses neuf grands bureaux, deviendrait locataire de la ville, dans les Maisons communes, à un bien moindre prix : n'étant plus d'ailleurs exposée à des frais réitérés de déplacement ; elle y trouverait, en outre, le bénéfice du chauffage et de l'éclairage. Par-là, serait balancé au budget des postes, le traitement des employés-directeurs de chacun des trois nouveaux bureaux, puisqu'il ne s'agirait que de soumettre à une nouvelle répartition les facteurs et autres employés subalternes. Donc, resterait entière la somme des avantages que présenterait cette organisation meilleure du service des postes.

Perception des Contributions directes.

Il y a vingt-quatre receveurs-percepteurs des contributions directes à Paris, chargés chacun de la perception de deux quartiers. Si les deux bureaux de recette de l'arrondissement étaient réunis en un point unique et central, il en résulterait assurément une grande facilité pour les relations obligées des employés entre, eux et sur-tout pour les démarches des contribuables qui ont souvent affaire aux deux perceptions à la fois. Ces motifs nous ont déterminés à réunir les deux bureaux de recette à la Maison commune, où les contribuables sont appelés d'ailleurs pour leurs réclamations.

Vérification des Poids et Mesures.

Les mêmes considérations militaient, à l'égard

de la vérification des poids et mesures, avec d'autant plus de force, que l'acquittement des droits
s'effectue au bureau de perception des contributions
directes. Par l'établissement d'un bureau des poids
et mesures, nous espérons sauver l'administration
de l'embarras où elle se trouve chaque année de
se procurer, à un prix modéré, des locaux situés
et disposés convenablement pour l'exercice de la
vérification. Pendant la vacance, le même local servirait de magasin pour le matériel des secours de
bienfaisance.

A la Préfecture de la Seine est aujourd'hui une
caisse municipale pour toute la ville de Paris. L'inconvénient, que présente cette situation unique,
serait, à notre avis, heureusement corrigé par la
création, dans chaque arrondissement, d'une caisse
succursale de la caisse centrale. On y percevrait
directement les droits de voirie, d'état civil, de
police pour stationnement, etc., etc. Établir une
pareille caisse dans notre Maison commune, était
une conséquence nécessaire du principe d'ordre et
de commodité qui a dominé la conception de ce
projet.

Ici vient se placer, plus particulièrement, une
réflexion que nous avons eu l'occasion d'émettre
en général, dans le cours de ce Mémoire : c'est
que l'organisation nouvelle des services financiers,
ainsi que nous la présentons, n'a aucunement
pour résultat de distraire ces différents services
de la direction administrative à laquelle les rattachent nos institutions. En d'autres termes, nous
n'entendons en nulle façon fractionner le budget.

Caisse municipale.

LATRINES PUBLIQUES.

Lieux d'aisances
et
Urinoirs publics. Une des principales causes de l'insalubrité de
Paris est, sans nul doute, l'injection constante des
urines et le dépôt des matières fécales contre les
murs. La morale publique, autant que l'hygiène,
réclame avec instance l'établissement multiplié
de lieux d'aisances et urinoirs, sur-tout dans les
quartiers les plus populeux de la cité.

Notre Maison commune étant l'endroit le plus
central et le plus fréquenté de l'arrondissement, il
serait à propos d'y établir des lieux d'aisances et
urinoirs publics, disposés de telle sorte que leur
voisinage n'incommodât les autres services en aucune manière. Cette condition, nous espérons
l'avoir remplie dans notre projet, en plaçant leur
entrée à la façade postérieure du bâtiment.

Le système que nous adoptons, outre qu'il
tendrait à assurer la propreté extérieure par l'impossibilité de se placer ailleurs que directement
au-dessus de l'orifice de la cuvette, aurait encore
pour résultat de neutraliser les émanations de la
fosse au moyen d'un tuyau d'interception et d'un
foyer d'appel. La perméabilité des parois des ca-
binets est encore une cause d'infection; car ces
parois, se saturant des gaz et des liquides, deviennent le siége de miasmes délétères qui vicient l'air
respirable, d'après les variations de température.
Nous nous sommes assurés que des revêtements de
fonte, peints avec les préparations convenables,

procureraient toute sécurité contre ces dégagements pernicieux.

Sous le point de vue économique, ce procédé serait, au reste, une heureuse innovation, puisqu'un système de cloisonnage en fonte coûterait 120 fr. par division, et aurait une durée de cinquante ans au moins. L'établissement d'un semblable cloisonnage en briques ne coûterait, à la vérité, que 22 fr.; mais il faudrait le renouveler tous les cinq ans.

LOGEMENTS.

Sans méconnaître les abus qu'entraîne l'usage de loger des employés dans les bâtiments d'une administration, nous croyons toutefois nécessaire à l'intérêt public de réserver un logement à quelques agents des services réunis à la Maison commune. Nous n'entendons parler que du logement pur et simple et dépourvu des bénéfices qu'on y rattache ordinairement, tels que chauffage, éclairage, etc.

Logements d'Employés.

Les personnes logées seraient, savoir :

Le concierge de la maison commune.

Le secrétaire de la mairie.

L'adjudant de service.

Le commissaire de police.

Le secrétaire du commissaire.

L'inspecteur, officier de paix.

Le porte-sonnette.

L'élève pharmacien.

Les garçons de bureau de l'état civil et de la perception.

Deux tambours de la garde nationale.

Ajoutons que, dans la combinaison de notre plan, ces logements sont accessibles par des voies tout-à-fait indépendantes de la partie publique.

CHAPITRE III.

MOYENS D'EXÉCUTION.

Les idées que nous avons émises dans le cours de ce Mémoire, étaient susceptibles peut-être de plus amples développements; mais notre but est atteint, si nous sommes parvenus à faire apprécier les causes de notre projet, à en produire fidèlement la nature. Nous voulions nous garder d'un long exposé de motifs ou de description. Ce qui a été dit suffit, nous l'espérons, pour que la pensée de chacun n'ait plus qu'à pourvoir aux détails pratiques, ainsi qu'elle s'avisera. Puisse-t-on s'accorder avec nous sur ce point, que le système municipal a besoin d'une centralisation meilleure, d'une organisation plus complète et qui serve plus efficacement l'exercice de son action! Cela une fois reconnu, on s'entendra sans peine sur les moyens d'exécution. Il est de notre devoir cependant de ne pas reculer devant tout examen de cette question, et nous la discuterons avec le plus de précision possible; car il s'agit d'une question de chiffres, laquelle ne peut être utilement résolue que par des documents officiels, ou par des évaluations constantes, lorsqu'ils viendront à manquer. C'est dans cet esprit, que nous allons présenter sommairement l'état des dépenses, que nécessiterait la réalisation de ce projet, en y opposant les économies qui en résulteraient, et les moyens financiers d'y arriver.

Le terrain occupé par la Maison commune serait de 1556 mètres 45 centimètres superficiels, dont 1286^m, 20^c pour les bâtiments, et 270^m, 25^c pour les cours. Nous trouvons que la valeur moyenne du terrain, dans Paris, est aujourd'hui de 150 fr. le mètre superficiel ; donc, 1556^m 45^c × 150 fr. = 233, 467 fr. pour le terrain. La construction faite avec économie, mais cependant avec la solidité convenable à un établissement de ce genre, reviendrait, tout compris, à une moyenne de 515 fr. le mètre superf., produisant une somme de 662,393 fr. De cette somme, il convient de distraire 11 p. o/o, moyenne que l'octroi de Paris perçoit sur les matériaux de construction. Or, de la dépense totale pour un bâtiment, deux tiers environ, sont employés en matériaux : soit donc 441,594 fr., pour ces deux tiers qui, à 11 p. o/o, donnent 48,575 fr. à déduire de 662,393 fr. ; reste 613,818 fr., pour la construction. Ajoutée à 233,467 fr., prix du terrain, cette somme forme un total de 847,285 fr.

Nous ferons observer que nous ne portons pas en ligne de dépense, la valeur du terrain pour le *square*. La première raison c'est qu'un *square* ne serait pas partout indispensable, pouvant se faire que la disposition des lieux y supplée dans quelques arrondissements. La seconde c'est que, dans les cas où il deviendrait praticable ou nécessaire, la variabilité de sa forme et de sa dimension, soumise à la localité, ne permet pas d'en faire une évaluation positive. Notons d'ailleurs que la ville, déjà propriétaire de certains emplacements favorables à une pareille destination, n'aurait pas toujours à faire l'acquisition du terrain. Sans doute la propriété dont elle changerait l'emploi est en produit, mais il n'y a aucune comparaison possible entre le rapport présent et le rapport futur : la différence est toute au profit de l'avenir. Au reste, nous ne doutons pas que la ville de Paris ne consente à quelques sacrifices pour voir ses quartiers assainis et embellis de promenades. La valeur moyenne d'un *square* peut être estimée à une somme d'environ 80,000 fr., qui réunie à 847,285 fr., prix des bâtiments, donnerait un total de 927,285 fr., pour l'établissement d'une Maison commune avec son *square*. Voilà ce que coûterait la réalisation de notre projet.

Hâtons nous d'opposer à ce chiffre, qui pourrait effrayer, s'il était laissé sans compensation, le tableau chiffré des moyens d'exécution. Cette partie se divise en quatre branches distinctes, dont nous abordons l'examen successif.

Terme moyen, la ville de Paris dépense annuellement, pour le loyer d'une mairie et d'une justice de Paix, 8,271 fr. ; elle paie encore, pour location tant des salles d'état-major que du poste de la garde nationale, une somme de 2,000 fr. ; plus 1,800 fr., pour le bureau de bienfaisance. Une indemnité de 400 fr. est en outre accordée pour les déménagements et réparations locatives, chaque mairie étant exposée d'un jour à l'autre à un changement de domicile. Ces diverses sommes réunies forment un total annuel de 13,171 fr. On remarquera que ce chiffre ne comprend que les services composant la mairie sous l'organisation actuelle, bien qu'on ne les trouve réunis dans presque aucun des bâtiments appelés de ce nom.

Examinons désormais ce que coûtent les services que nous rattachons à la Maison commune, et quelles économies proviendraient de leur adjonction. Un commissaire de police devant y être logé, rien de plus naturel que de retenir par an, sur son traitement, une somme de 1,200 fr., moyenne du loyer actuel de ces fonctionnaires, y compris l'indemnité qui leur est allouée dans certains quartiers. La réunion des deux perceptions des contributions directes autoriserait également une retenue de 400 fr., sur le traitement des receveurs qui ont à leurs frais le loyer de leurs bureaux. Cette double retenue donnerait une somme de 800 fr. Il ne serait pas moins juste que l'administration des postes tînt compte à la ville d'une somme de 3,750 fr., pour le loyer de chaque grand bureau, dans la Maison commune ; ce qui ferait pour les douze une somme de 45,000 fr., égale à celle qu'elle paie pour les neuf bureaux existant aujourd'hui. L'école des garçons, et le chauffoir public, dont la location coûte, l'une 1,500 fr., l'autre 500 fr., présenteraient encore une économie de 2,000 fr. Joignons à cela 1,800 fr., pour les bureaux des poids et mesures et de la voirie ; la préfecture de la Seine et la préfecture de police trouveraient facilement l'emploi des locaux vides. Enfin la ville, n'ayant plus à payer ailleurs la location de deux postes de garde municipale et de sapeurs-pompiers, économiserait environ 2,800 fr., que lui coûtent

ces deux corps-de-garde avec les dépendances nécessaires pour le dépôt des pompes. Peut-être aussi,
sans qu'il y eût injustice, trouverait-on moyen
d'opérer une légère retenue sur le traitement des
divers agents logés dans la Maison commune, tels
que secrétaire de la mairie, secrétaire du commissaire de police, inspecteur, etc. Nous reconnaissons
toutefois qu'on ne saurait raisonnablement en re-
tirer plus de 1,000 fr., eu égard à la modicité des ap-
pointements attribués à ces emplois. Reste à ajouter
en ligne de compte l'économie positive qui doit résulter des systèmes de chauffage par les calorifères,
et d'éclairage par le gaz, dont nous avons combiné
l'application avec les dispositions de notre plan.
Cette économie qu'on peut évaluer à 1,050 fr.,
porte sur la généralité des services.

Or, toutes ces sommes réunies forment un total annuel de 27,571 fr., représentant à 5 p. o/o
un capital de 551,420 fr.

La base de ces calculs repose sur des documents
certains ; en voici d'autres qui s'appuient sur des
évaluations notoires. Un local pour l'éducation du
peuple, dans la perspective sur-tout de la loi sur
l'instruction publique promise par la charte de
1830, est devenue indispensable à chaque mairie.
Avoir disposé une salle de cours à l'usage des adultes,
c'est avoir prévenu, ce nous semble, une dépense
inévitable, qu'il est permis d'estimer à la somme de
3000 fr. Nous en dirons autant de la construction
des lieux d'aisances et urinoirs publics, qui ne peut
manquer de s'effectuer prochainement sur un grand
nombre de points de la capitale ; cette dépense mé-

rite d'être prise en considération, comme devant
être en moins à la charge de la ville, lors de
l'exécution générale de cette mesure : soit 1,000 fr.
Pareille somme de 1,000 fr. est applicable encore
à l'établissement essentiel du service médical qui
fait partie des secours de bienfaisance. Total, pour
les services de création indispensable, 5,000 fr.

Il s'agit maintenant d'ajouter 100,000 fr., capital de cette somme à 5 p. o/o, à la somme de
551,420 fr., résultant des économies présentées
plus haut; ce qui forme une somme totale de 651,
420 fr. Cette dernière somme, retranchée de 927,
285 fr., donne pour différence 275,865 fr., qu'il
conviendrait, à notre avis, de répartir de la manière suivante.

Plusieurs motifs intéressent l'État à l'exécution
de ce projet; car il s'agit de la capitale de la France.
Et d'abord, sous le point de vue monumental,
la construction d'édifices municipaux, l'ouverture
de places et promenades, contribueraient puissam-
ment à l'embellissement de notre ville, rendez-vous
des regnicoles et des étrangers. Par suite, et sous
le rapport financier, augmentation de valeur des
propriétés, constructions nouvelles, accroissement
de transactions et des produits du fisc. Enfin, sous
l'aspect politique, on trouverait ainsi moyen de
procurer pendant plusieurs années du travail à une
classe nombreuse d'individus, qui mérite toute la
sollicitude du gouvernement ; cela, du reste, occa-
sionerait une plus grande consommation de la
matière imposable. C'est tout à la fois, devoir et
nécessité d'occuper cette multitude de travailleurs

dont le cri de détresse a son retentissement en France, quand il s'élève à Paris. Il serait donc équitable que l'État, en compensation des avantages qui lui adviendraient, entrât dans la dépense pour une somme que nous portons à 100,000 fr.

Ce que nous venons de dire à l'égard de l'État s'applique également à la ville de Paris, puisqu'il s'agirait de son embellissement, de l'augmentation présumable des droits de voirie à raison de quelques nouvelles constructions, de sa tranquillité, sans oublier toutefois que cela favoriserait l'heureuse exécution du projet d'alignement de ses rues. Mais ce qu'on ne saurait trop faire valoir, c'est tout l'avantage d'une police mieux faite pour les habitants d'une cité aussi populeuse que la nôtre. Or, sans contredit, la réunion, dans une localité centrale et notoire, d'un commissaire et d'une garde de police, assurerait l'énergique répression des nombreux méfaits qui se commettent dans son sein, et donnerait à chacun plus de sécurité. Diminuer les profits des voleurs, c'est économiser à Paris.

Le prix de la vente de la seule mairie (huitième arrondissement), dont la ville est aujourd'hui propriétaire, viendrait encore en déduction de la somme qui serait à sa charge. Cette somme peut être avec raison fixée, d'après les calculs qui précèdent, à 175,865 fr. restant de 275,865 fr., différence de la dépense générale sur la partie dite des économies, et des services indispensables.

La somme que nous mettons à la charge de la ville, excéderait-elle les limites où l'administration est obligée de se renfermer dans l'état actuel de ses finances? Nous le croirions difficilement en présence des ressources de son budget que nous avons sous les yeux. Et d'ailleurs, si nous reportons notre pensée vers la loi municipale à venir, nous nous demandons s'il ne pourrait pas se faire que chaque arrondissement de Paris s'imposât partiellement pour quelque grand intérêt local. Vainement objecterait-on que ce serait décentraliser le système financier de la cité, puisque cette espèce de cotisation n'aurait lieu que dans des circonstances fort rares et d'urgence.

Nous nous contenterons d'avoir indiqué ces principaux moyens d'exécution qui nous ont paru dès l'abord d'une pratique possible, sans nous y arrêter exclusivement ; car nous n'osons pas nous flatter qu'aucun expédient n'ait échappé à notre rapide examen. Ce que nous avons voulu prouver, c'est que les douze arrondissements de Paris ont besoin d'un édifice qui soit le siége de leur municipalité. Si ce besoin est prouvé, nul doute pour nous qu'il ne puisse être satisfait. Une ville telle que Paris, trouve toujours en elle-même moyen d'effectuer une dépense qui importe à son bien-être : toute dépense utilement faite étant au fond, une économie réelle.

Au reste, dans notre opinion, il ne serait ni opportun ni raisonnable d'exécuter à la fois la construction des douze Maisons communes, et l'œuvre pourrait ne se consommer que dans l'espace de plusieurs années. Par quelques motifs, que nous ne saurions soupçonner, l'administration répugnerait-elle à entreprendre les travaux à son compte, plus d'une compagnie se présenterait infailliblement pour traiter avec elle, et lui offrirait tous les avantages qui naissent de la concurrence.

En terminant, nous ferons remarquer que ce projet, plus particulièrement composé pour Paris, serait encore susceptible d'application hors de son enceinte. Il est en France plusieurs grandes villes qui manquent aussi d'une centralisation municipale, et auxquelles est également indispensable l'établissement d'une Maison commune. Partout où se font sentir les mêmes besoins, où se rencontrent les mêmes intérêts qu'à Paris, dans une proportion plus restreinte, on pourrait utilement adopter notre plan, sauf à le réduire ou à le modifier suivant les localités.

Sans doute, d'autres objections nous seront faites qu'une simple objection d'argent; mais c'est la seule que nous ayons jugé convenable de prévenir par une réponse. Non pas toutefois que notre oreille soit fermée désormais aux questions que pourrait nous adresser la critique sur quelque autre point, et aux sages amendements qu'elle aurait à nous proposer (1). Bien au contraire, nous appelons de tous nos vœux la discussion des hommes

(1) Enfin se présente pour nous l'occasion de remercier les personnes qui ont bien voulu nous communiquer divers renseignements nécessaires à la rédaction de ce Mémoire. M. Millot, employé distingué de l'administration de Paris, a sur-tout des droits acquis à notre gratitude pour l'obligeance empressée avec laquelle il a mis à notre disposition ses précieux documents d'économiste, et nous a fortifiés de l'appui de ses lumières et de ses conseils.

éclairés sur une matière de pareille importance;
heureux que nous serons de recueillir avec scru-
pule toute expression sincère de leur opinion, sous
la réserve de combattre leurs raisons par les nô-
tres. Mais si, par hasard, la réalisation de notre
plan devait léser quelques individus, nous espérons
qu'ils se condamneront au silence, dans la pensée des avantages qu'elle consacrerait pour tous.

Préfet de la ville de Paris, et vous Conseillers de
sa haute administration, les auteurs de ce projet
le soumettent avec confiance à votre examen. Il
leur suffit de vous rappeler que son exécution pro-
met plus d'efficacité à l'action municipale, plus de
commodité pour vos administrés, plus de bien-être
pour les classes inférieures, qu'enfin, l'embellissement et l'assainissement de la Capitale du royaume
doivent en résulter : votre dévouement aux grands
intérêts de la cité leur est un sûr garant de votre
religieuse attention.

FIN.

Nota. Les planches annexées ci-après ne pouvant donner qu'un aperçu du projet, sous son rapport architectural, les auteurs se feront un devoir de comumniquer la série complète de leurs plans aux personnes qui désireraient en prendre connaissance. — *S'adresser à MM.* Levicomte *et* Rolland *, architectes, rue d'Argenteuil*, 41.

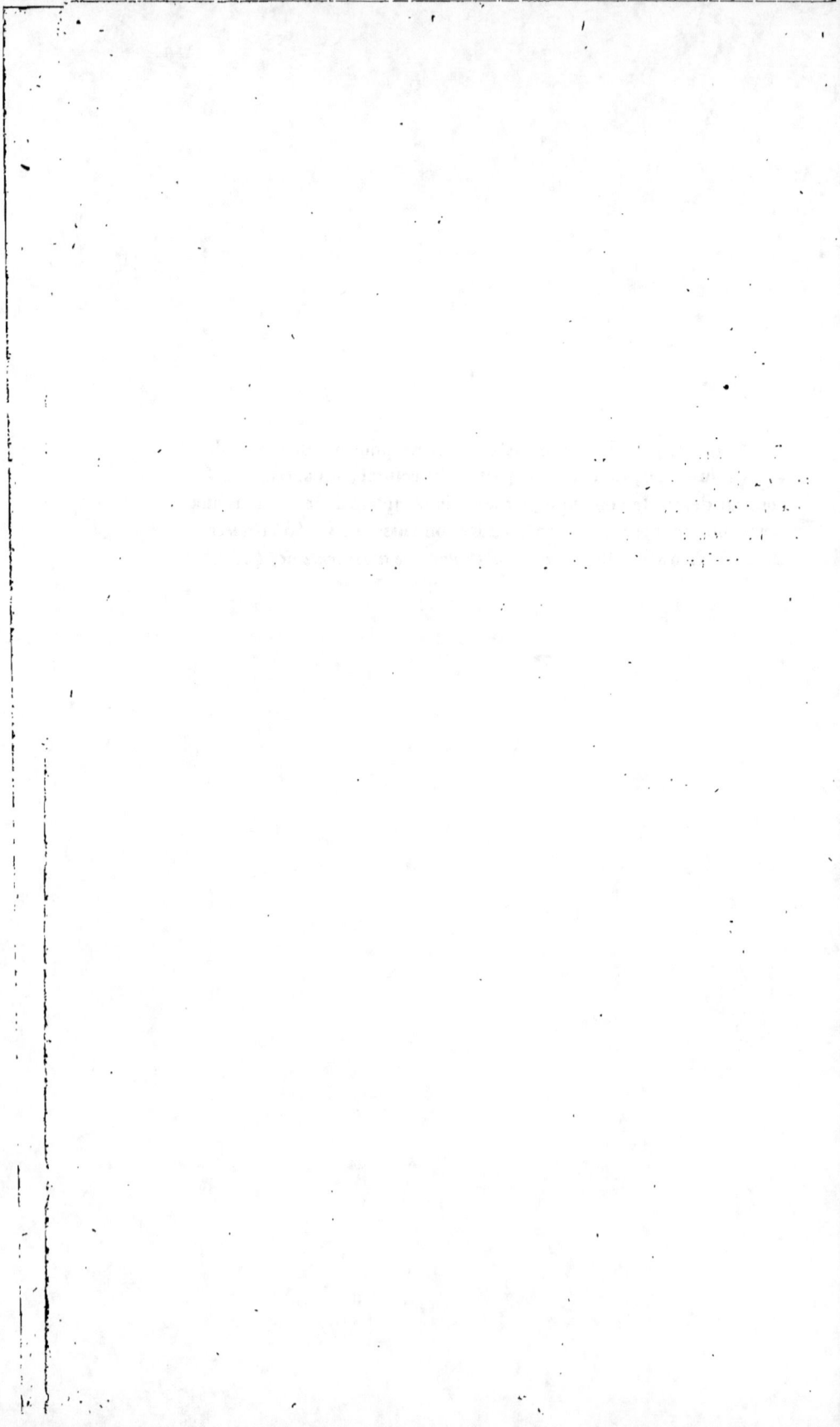

Plan topographique de la circonscription des arrondissements de la ville de Paris

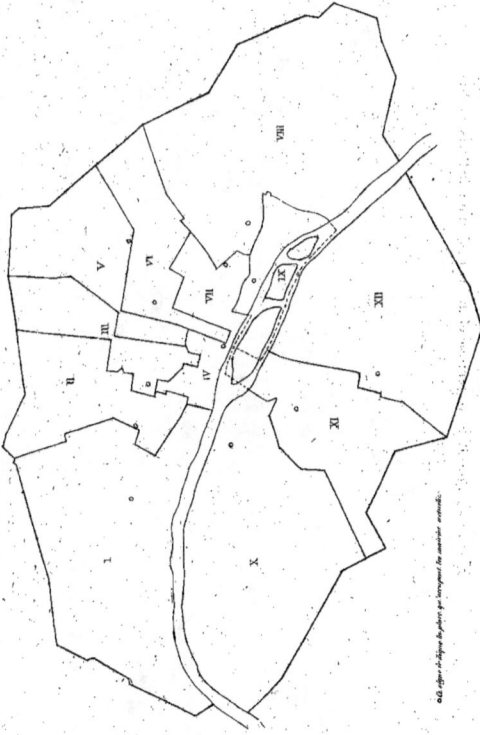

N.B. Les lignes de points qui terminent les anciens arrondissements.

État numérique de la superficie et de la population de Paris en 1829.

Arrondissements	Superficie générale de l'arrondissement	Superficie par habitant	Population générale	Population indigente	Rapport de la population générale à la population indigente
I	5.853.656	81	70.922	3.244	1 sur 21. 86
II	2.899.850	29 22	75.544	3.113	1. 24. 17
III	1.204.013	23 33	52.316	3.255	1. 20. 82
IV	552.622	23 33	49.495	3.446	1. 14. 36
V	1.213.596	29 65	71.114	4.650	1. 15. 28
VI	1.439.293	15 19	85.327	6.878	1. 12. 43
VII	792.572	10	61.600	3.970	1. 15. 53
VIII	6.102.285	84	74.663	9.215	1. 8. 53
IX	1.243.976	13	47.312	5.203	1. 9. M
X	5.518.802	56	86.683	4.444	1. 13. 95
XI	2.192.213	43	54.727	2.580	1. 11. 94
XII	4.774.016	49 11	80.809	11.596	1. 6. 96
	33.070.750	moyenne 35	816.486	62.705	1 sur 13. 02

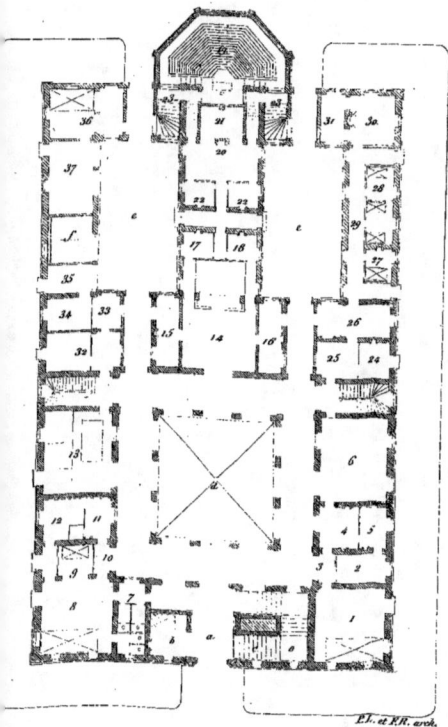

Garde Nationale	0. Cabinet de l'Officier 1. Corps de Garde 2. Dépôt d'armes 3. Anti-chambre 4. Cabinet des Adjudans 5. Cabinet du Major 6. Salle pour piques &
Police	7. Violon 8. Corps de Garde 9. Cabinet de l'Officier 10. Anti-chambre 11. Cabinet du Secrétaire 12. Cabinet du Commissaire
Grand bureau du Poste	13.
Justice de paix	14. Auditoire 15. Greffe 16. Secrétariat 17. Cabinet du Greffier 18. Cabinet du Juge
Instruction populaire	19. Salle de cours 20. Laboratoire 21. Dépôt 22. Cabinet de Professeur 23. Escalier conduisant à la bibliothèque et à la salle d'exposition
Secours de Bienfaisance	24. Salle d'attente 25. Cabinet de consultations 26. Pharmacie et Laboratoire 27. Chambre de l'Élève Pharmacien 28. Infirmerie 29. Corridor pour les distributions 30. Cuisine 31. Dépôt
Caisse d'épargne	32. Salle d'attente 33. Caisse
Vérification des poids et mesures	34. Bureau 35. Hangard
Sapeurs pompiers	36. Corps de Garde 37. Dépôt des pompes et ustensiles
Dépendances	a. Vestibule b. Portier c. Escalier principal d. Cour principale e. Cours de service f. Écuries et hangard

P.T. et F.R. arch.

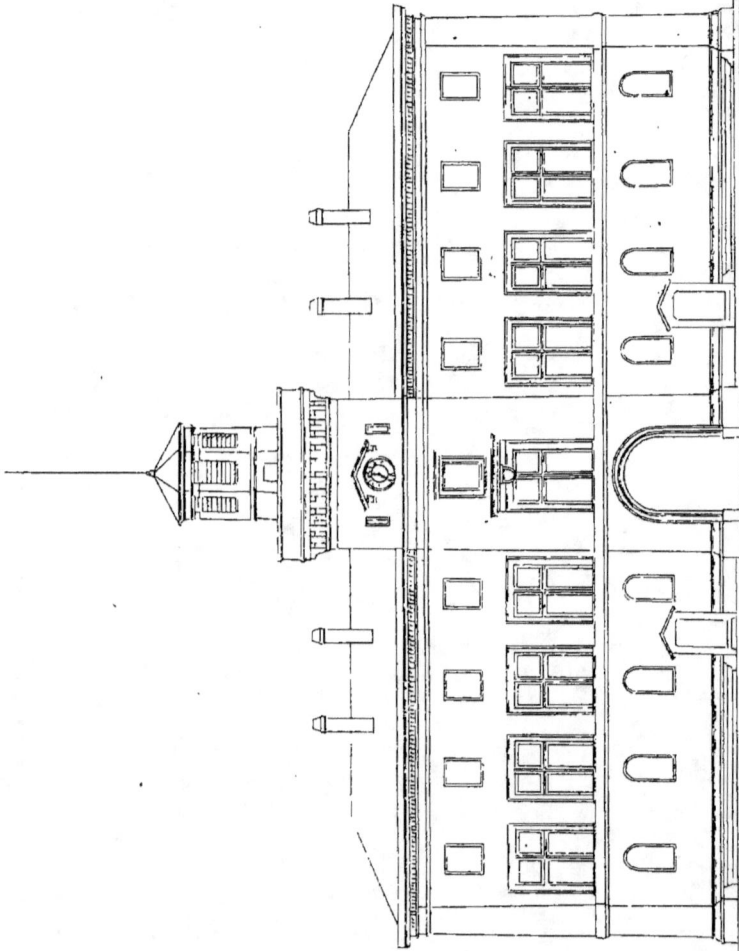

FAÇADE PRINCIPALE

www.ingramcontent.com/pod-product-compliance
Lightning Source LLC
LaVergne TN
LVHW020043090426
835510LV00039B/1387